SAXTON FREYMANN UND JOOST ELFFERS

»GROSS WERDEN IST SCHÖN«, SAGTE DIE TOMATE

nicolai

HALLO, WIE GEHT'S

DENN SO?

Bist Du glücklich?
Oder geknickt?

**Hast Du Kummer?
Bedrückt Dich was?**

**Wie gut ist es, in der Not
einen treuen Freund zu haben!**

Dein Freund läßt Dich warten. Bist Du dann sauer? Enttäuscht? Besorgt? Oder fährst schier aus der Haut? Doch ist er endlich da, herrscht wieder eitel Sonnenschein.

Schaukel nicht so, es wackelt!

Hallo, ich bin der Neue aus Nachbars Garten!

Von wegen!

Auch wenn man etwas anders aussieht –

kein Grund, betrübt zu sein!

GRIMASSEN SCHNEIDEN

KANN DOCH JEDER, ODER?

Jemand geht auf Dich los! Was macht man da bloß?

So ist es recht, sich nur nicht einschüchtern lassen!

Na, Jungs, die Hausaufgaben gemacht?

Kleine Geschwister sind doof!

Du fühlst Dich mies, es geht Dir schlecht? Ganz bestimmt gibt es jemanden, der Dich tröstet!

Vater ist mächtig stolz auf die lieben Kleinen ...

… der Mutter aber rauben
sie manchmal den letzten Nerv!

Es gibt Liebeserklärungen – da könnte man rot werden bis über die Ohren!

Schmatz, das tut gut.

WIR SIND ALLE GANZ

SAUBERE FRÜCHTCHEN!

Für Mia, Eyck, Finn und Elodie, die ich so sehr liebe, wie es sich weder in Worten noch in Gemüse ausdrücken läßt.
    S. F.

Für Oekie und im Gedenken an Arie Jansma. Es war die Familie Jansma, die mir sehr früh die Welt der Spiele erschloß.
    J. E.

EIN WORT ZUR KUNST DES GEMÜSESCHNITZENS:

Um diese Figuren zu gestalten, haben wir in ganz New York Märkte auf der Suche nach ausdrucksvollen Früchten abgesucht. Die Gesichtszüge wurden dann mit einem einfachen Messer hineingeschnitzt, für zusätzliche Details wurden andere natürliche Rohstoffe ergänzt wie zum Beispiel schwarzäugige Erbsen für die Augen und Rote-Bete-Saft für die Münder. Fotografiert wurden die Figuren vor neutralem farbigem Hintergrund, um die erwünschte Wirkung und Atmosphäre zu erzielen.

Titel der Originalausgabe: How are you peeling?

© 1999 der amerikanischen Originalausgabe: Play With Your Food, LLC.
Alle Rechte vorbehalten
Erschienen im Verlag Scholastic Press, einer Tochtergesellschaft der Scholastic Inc., *Publishers since 1920.* Scholastic, Scholastic Press, Arthur A. Levine Books und die dazugehörigen Logos sind Warenzeichen und/oder eingetragene Warenzeichen von Scholastic Inc.

© 1999 Vegetable Design: Joost Elffers und Saxton Freymann

Die charakteristischen Darstellungen der Gemüse sind ausschließlich Eigentum der Urheber. Sie können zum persönlichen Gebrauch reproduziert werden, dürfen jedoch ohne vorherige ausdrückliche Zustimmung der Urheber nicht für gewerbliche Zwecke genutzt werden.

© Design: Erik Thé
© Fotografie: Nimkin/Parrinello

© 2000 der deutschsprachigen Ausgabe:
Nicolaische Verlagsbuchhandlung
Beuermann GmbH, Berlin

Alle deutschsprachigen Rechte vorbehalten

Die Verwertung der Texte und Bilder, auch auszugsweise, ist ohne Zustimmung des Verlags urheberrechtswidrig und strafbar. Dies gilt auch für Vervielfältigungen, Übersetzungen, Mikroverfilmung und für die Verarbeitung mit elektronischen Systemen.

Übersetzung:
Elisabeth Knoll, Diethelm Kaiser, Berlin
Umschlaggestaltung: Dorén + Köster, Berlin
Satz: LVD GmbH, Berlin
Druck und Bindung: Phoenix Offset, Hong Kong

ISBN 3-87584-828-4